Las Mariposas del Tata Orlando / The Butterflies of Tata Orlando

Iris Elizabeth Cabral

Las Mariposas *Del*
Tata Orlando

Un Legado de Soltar y Liberar

De Autoayuda y Superación

Iris Elizabeth Cabral

Iris Elizabeth Cabral

ISBN: 9798359502962

Por y para mis hijos: Mauro, Victoria y Mathew,
deseándoles que siempre encuentren con fe,

el camino ligero...

Iris Elizabeth Cabral

¡BIENVENIDOS!

Este es un libro interactivo

Iris Elizabeth Cabral

Tabla de contenido

Iris Elizabeth Cabral

Facebook:
" Las Mariposas del Tata Orlando"

Introducción

Permíteme contarte que estas páginas comenzaron a ser escritas como un simple relato desde el fondo del corazón, allí donde habita lo más cálido y hermoso que un ser humano puede guardar: los recuerdos y el Amor.

Palabra tras palabra fueron surgiendo sin ser forzadas, pero como "apuradas", fluyendo ansiosamente, reclamando la necesidad del lápiz y el papel, como si hubieran estado oprimidas, o quizás simplemente guardadas y protegidas, listas para ser escritas y leídas en su tiempo perfecto.

Por eso, cuando me di cuenta de lo que había plasmado en estas hojas, ¡no podía creer el contenido!

¿Cómo era posible que, describiendo una vivencia de la infancia, hubiera encontrado un legado tan rico, además de práctico? Posiblemente doloroso, sí (porque cambiar y crecer da miedo), pero capaz de permitir ser uno mismo, entendiendo, cuando llega el momento del cambio que este nos permitirá evolucionar y vivir ligeramente, sin ataduras ni pesos extras.

Así que, si un día te sientes "pesado", espero puedas recordar la historia que aquí comparto y te sirva de herramienta para tu crecimiento personal y espiritual, pero no solamente a mediano y a largo plazo, sino para el aquí y ahora.

Quizás recuerdes alguna vivencia de tu vida que alguien te haya dejado y hoy entiendas que, en realidad terminaría siendo un regalo para ti a modo de legado.

Deseo que esta lectura, por demás simple y ligera, pero intensa te sea entretenida y sea un aporte en tu proceso de ser cada día mejor, porque para disfrutar más de este plano en el que vivimos es necesario aprender a...

SOLTAR Y DEJAR IR...

Agradecimientos

Quisiera agradecerte por tener este libro en tus manos hoy. Espero que enriquezca tu vida de alguna manera y sea un camino hacia la espiritualidad y la reflexión.

A la joven Agustina, a quien conocí siendo ella una niña y que se nos adelantó partiendo durante su juventud.

No obstante, su perfume y presencia permanecen en el recuerdo y en el corazón.

A su mamá María José Cerdán Brandi, una persona que admiro mucho por su humildad y fortaleza, quien con su risa contagiosa ilumina y deja huellas.
A Juan Manuel, hermano de Agustina.

A mis hijos, a quienes amo con todo mi corazón, por ser valientes y resilientes.

A mi "Tata" ...donde quiera que te encuentres, por tu legado de momentos y risas compartidos.

¡Gracias, gracias, gracias!

Iris Elizabeth Cabral

ACERCA DEL AUTOR

Iris Elizabeth Cabral nació el 24 de Setiembre de 1968 en Montevideo, Uruguay.
Es Motivadora, Psicóloga, Actriz, Escritora y Autora de "Las Mariposas del Tata Orlando" y de 'Sentimientos: Emociones de Corazón a Corazón (Relatos & Poemas)"

Por más de 33 años, se ha dedicado al trabajo con niños, en diferentes áreas inclusive como Babysitter y Educadora preescolar, lo que le ha permitido hacer aportes desde la psicología al estar en contacto más estrecho con los padres dentro de las familias.
Eso, ha enriquecido su experiencia como escritora, rescatando las inquietudes que los mismos tienen respecto de estimulación oportuna y temprana, el manejo de los berrinches, así como juegos y entretenimientos que favorezcan las destrezas y habilidades de los niños en las diferentes etapas evolutivas durante la niñez.
Comprometida con la Salud Mental, trabajó en su país

simultáneamente en Jardines de Infantes Privados y Públicos, Centros CAIF, en A.U.P.P.A.I (Asociación Uruguaya de Padres de Personas con Autismo Infantil) y en el Hospital Psiquiátrico Vilardebó de Montevideo, Uruguay.

Organizó Talleres para Padres, donde además de promover el debate de opiniones en temas de interés para las familias, brindó herramientas aplicables para el cuidado emocional y crianza saludable de los niños en el hogar, así como apoyo espiritual y contención, cuando era necesario, fundamentalmente con los padres de las y los niños con TEA (Trastorno del Espectro Autista), ayudándolos a manejar el estrés cotidiano que implica enfrentar el diario vivir y el cuidado de sus hijos.

Su labor en Uruguay fue realizada en equipo con: Músicos Profesionales, Trabajadores Sociales, Maestras y Educadoras Preescolares, Médicos, Psiquiatras, Enfermeros y las familias involucradas.

A posteriori, se traslada a los Estados Unidos donde continúa trabajando con niños como Proveedora de Cuidado Infantil, en apoyo escolar personalizado y con adolescentes y adultos mayores.

Su capacidad de empatía y su actitud positiva ante la vida, le permite ser una excelente Motivadora durante las conferencias que imparte sobre temas de Salud Mental, Adolescencia, Niñez y Familia.

Conocedora de la importancia que tiene el buen uso de las palabras, ha trabajado en 105.5 FM Radio Impacto 2 en la ciudad de Nueva York, en su programa:

"De Corazón a Corazón".

Luego, en el comienzo de su carrera como actriz, interpreta a "Silvia", personaje protagónico del cortometraje "Amor del Negrito", trabajando con un equipo técnico y elenco de gran profesionalismo, bajo la producción de NYC Latin Media y en el personaje de "La Hechicera", en la serie "Coronas y Corazones ", producida por Odin Graniela.

Sobreviviente de cáncer, disfruta y pone pasión con un inmenso agradecimiento en todo lo que hace, motivando a los demás a cultivar la paciencia y pensar en forma positiva siempre.

Madre orgullosa de dos varones y una niña, se considera una persona feliz que sabe hacerle frente a la vida, optando por utilizar las mejores herramientas para nunca caer y lograr todo lo que se propone.

Su mayor virtud: la Paciencia.

Amante de los animales y autodidacta en metafísica, vive con su familia en la ciudad de Nueva York.

Escríbele al Autor

Déjale un comentario en su correo electrónico acerca de este libro en:

iriselizabethcabral24@gmail.com

"Maripotinas"

"Esperáte que la Ely"- así me recibía siempre mi abuelo, a quien yo llamaba "Tata".
Era como un código entre nosotros y me lo decía cada vez que iba a visitarlo; otras veces para aprobar algo bueno que yo hacía.

Típico de la sociedad uruguaya: hablar al revés, usar la ironía y el humor juntos, inventar dichos y crear formas muy personales para comunicarnos entre sí.

De hecho, ese "esperáte que la Ely", lo inventó él y sólo lo usaba conmigo.
Era algo así como querer decir: "¡Mírala, ahí viene!", o "¡Ahí va y qué bien lo hizo!"
Esa frase creaba entre nosotros un vínculo único y muy nuestro.

Era un hombre de estatura mediana, de físico no muy robusto. Su pelo, cejas y bigotes, bien negros y espesos y su tez, blanca.   Sus ojos eran marrones oscuros, de los que emanaba siempre una mirada esquiva.
Solía caminar erguido, con los hombros ligeramente hacia adelante, con un andar como "pesado". Su aspecto general era el de un ser tosco, para nada simpático, que no miraba directamente a los ojos cuando hablaba o saludaba.

19

Sin embargo, conmigo era diferente...

No sé por qué; pero se le notaba que mi persona le provocaba una ternura especial.
Quizá porque cuando era niña, era graciosa, como cualquier niña a la edad de 4 o 5 años. Era muy conversadora y solían peinarme el cabello como una "cola de caballo".
Recuerdo una foto en la que estaba vestida con una pollerita tableada color blanco al igual que mis sandalias que combinaban muy bien con una remerita de mangas cortas, blanca con finas rayas azules, estilo marinerito.
A veces me sentía avergonzada ante mis primos y hermanas, porque notaba esa diferencia en el trato de parte de él.
Es que conmigo, sí mantenía contacto visual, incluso se agachaba hasta mi altura para hablarme y sonreía... Luego volvía otra vez a invitarme a cazar "maripotinas".

Mis abuelos vivían en el barrio Bella Italia, en la ciudad de Montevideo, Uruguay, en una casa muy prolija y bonita, con terreno grande, en cuyo fondo había un gallinero que mi abuela cuidaba; tenía tres o cuatro gallinas, no más.
También había un galpón al que me gustaba entrar y revisar (con mis ojos) cada rincón.
¡Ah! cómo me gustaba el olor que había allí...un aroma mezcla a humedad y metal, porque era el lugar donde mi abuelo, guardaba sus herramientas, una cama antigua y vieja de hierro y varias herraduras de caballo que encontraba en la calle y cual trofeo, él colgaba en la pared.

Sin embargo, la estrella del galpón era sin dudas "la bici del Tata". Un modelo de bicicleta rodado 26, con guardabarros y farol por sistema de dínamo que funcionaba a fricción y que se usaron mucho allá por el año 1975; además, estaban de moda y no todo el mundo podía tener una así.
Mi abuelo le había acondicionado un canasto de alambre al

frente, que le servía para traer sus mandados desde el almacén
de Don Virgilio que quedaba a tres cuadras, por la calle Venecia
esquina Rafael.
¡Recuerdo que yo quería crecer rapidito para poder montarla!
Aunque estaba un poco maltratada y su pintura
descascarada,
tenía el encanto de su propietario: ¡Mi Tata!

En frente, de la casa había un hermoso jardín, lleno de flores
variadas: rosas, un árbol de jazmín, una planta de duraznero
de jardín, margaritas, amapolas y flores "de sapito", a las que yo
apretaba con placer y suavidad para que "abrieran sus bocas",
tal cual los mencionados anfibios.

Hacia el costado derecho, estaba la entrada de autos que
permitía ingresar hacia el fondo.
Un tejido de alambre, que con el tiempo fue reemplazado
por un muro de concreto, marcaba el límite de la casa de mis
abuelos con la del vecino, Don Enero, un señor muy
servicial, de descendencia africana, de unos sesenta años que
vivía con su hija, Doña Cándida.

Justo allí, se levantaba majestuoso, un árbol de cedrón, que
perfumaba con delicadeza las tardes de primavera y verano y bajo
cuya sombra, mis abuelos y mi tía, se sentaban a tomar mate y a
comer bizcochos.
En ocasiones mi abuela me preguntaba si quería "un tecito",
entonces "el tata", cortaba unas hojitas y me preparaba uno
en una jarra color naranja con forma de barrilito de cerveza.

¡Qué rico le quedaba! Me lo hacía bien cargadito...
Recordarlo, es percibir el aroma de aquellas verdes y
frescas **hojas**, emanando del humito que de la jarrita salía.

A Don Enero siempre le causaba agrado verme y salía a saludarme con la amabilidad que lo caracterizaba, para después sentarse al frente de su casa, en una silla de madera medio tembleque, pintada de verde y en cuyo asiento de rafia, él ponía un viejo almohadón de tela.
Entonces esperaba para mirar "la cacería" que estaba por comenzar.

A esa altura del patio del frente, el cedrón allí erguido parecía confabularse con el arbolito de jazmín, dejando juntos un aroma único en el ambiente, y con él, hacerse presentes y testigos de los momentos compartidos en el lugar.
Yo creo que, al vecino, le resultaba relajante y por eso buscaba cualquier excusa para sentarse lo más cerca posible del tejido que separaba su casa de la de mis abuelos.

Mientras Don Enero se encargaba de entretenerme preguntándome cómo me iba en la escuela (para entonces yo tenía unos 5 años), mi abuelo, con paso apurado, volvía a la cocina a buscar una bolsita transparente para guardar, por un ratito, las tan deseadas "MARIPOTINAS".
Así las llamaba yo porque no podía pronunciar mariposa.

Entonces, todo comenzaba...
¡Era increíble! Parecía que las mariposas esperaban a mi Tata para aparecer.
El jardín se llenaba. Habían de todos los tamaños y colores; desde las blancas pequeñas, hasta las grandotas de "peñarol".

Las llamábamos así por el color de sus alas, comparándolas con los colores que distinguen a un cuadro de fútbol uruguayo: el amarillo y el negro.
¡Ah! Esas sí que eran grandes, hermosas...majestuosas para mí.
Creo que, por su tamaño, les costaba despegar rápido de las flores y allí aprovechábamos la oportunidad para

atraparlas.

Cuando conseguíamos una, me apresuraba a meterla en la bolsa para observarla.

Trataba de retener cualquier característica, desde sus alas peluditas hasta si habían acumulado bolitas de polen en sus patitas.

El placer duraba unos segundos porque la regla era "soltar", para que siguieran su camino de libertad, tan livianas como ellas eran...

¡Esos momentos eran lo máximo para mí!

Aunque las que abundaban eran las monarcas, con su característico color naranja y el "camuflaje" de los ojos en sus alas y que por ser de las que más había, eran las menos codiciadas.

Me gustaba observar con qué delicadeza mi abuelo las sacaba de las flores, agarrándolas de las alitas con mucho cuidado para luego posarlas en su dedo índice.

Era una conexión que me parecía increíble y fascinante.

A mi corta edad, yo creía que mi abuelo tenía "poderes" con los que lograba que ellas se dejaran tocar y permanecieran en su dedo.

La manera en que él disfrutaba atrapándomelas, lo transformaban en alguien especial, por compartir conmigo, festejando con risas y gritando: "¡esperáte que la Ely!" cuando teníamos una entre las manos o haciendo silencio para poder cazarla y que no se nos volara la "maripotina".

Recuerdo que las blancas pequeñas se camuflaban en el árbol de jazmín; lucían tiernas. Eran de un blanco traslúcido, y por eso no me gustaba tocarlas. Yo pensaba que sus alas podían romperse...

Al ir creciendo, con ocho o nueve años, la escuela comenzó a demandarme más tiempo. Había más deberes y más para estudiar, así que solo iba los fines de semana a ver a mis abuelos.

En ocasiones, uno sí y uno no, aunque vivíamos a tres cuadras. También recuerdo que el clima comenzaba a tener variantes para cada estación, lo que provocó que muchas especies de mariposas ya no visitaran el jardín. De hecho, las más difíciles de ver eran las amarillas y negras.

A su vez, las plantas de amapolas comenzaron a ser prohibidas por sus propiedades alucinógenas y un día mi abuela decidió arrancarlas y las "maripotinas" empezaron a mermar, así que veías alguna sólo por casualidad.

El tiempo pasó y siendo adulta iba a visitarlos con mi hijo Mauro, usualmente los domingos.

Mi abuelo me recibía como siempre con un "esperáte que la Ely", y conversábamos frente a mi hijo, anécdotas de esos días de mi niñez.

De Tesino 3369 y del que fuera mi barrio: "Bella Italia", tengo los más hermosos recuerdos de mi infancia que llevo como tesoros grabados y guardados dentro de mi ser.

Vivencias que te marcan y que a la vez te nutren; que no permiten que te olvides de tus raíces, el valor del tiempo y los momentos compartidos. Te muestran que las cosas más simples, las más sencillas son las que calan hondo y te dejan un invaluable legado de amor.

Por alguna razón no tengo fotos del lugar de aquellos años, pero sí algunas más recientes y posteriores a las modernizaciones realizadas.

Esta foto, por ejemplo, corresponde a un día en que fuimos a visitar a mis abuelos.

Mi hijo Mauro está sentado en el área de entrada de coches y detrás se puede apreciar el muro que suplantó aquel tejido de alambre y el frente de la casa de Don Enero (antes de ser reformada).

Hacia la derecha de la foto donde se observa un segundo portón, en el área de entrada de autos, allí exactamente fue el lugar donde estaba el cedrón.

Puede observarse que frente de la casa de Don Enero, ya había sido restaurado.

En esta otra foto del frente de la casa, las dos plantas que parecen arbustos porque han sido podadas son el jazmín (izquierda) y el duraznero de jardín (derecha).

En esa época, quien me iba a decir que estaba aprendiendo la lección de "soltar": las atrapaba y las dejaba en libertad, las "soltaba".

Soltar y liberar, para poder seguir sin el peso de las "mochilas emocionales", donde guardamos lo no resuelto.

Porque cuando no nos atrevemos a la "metamorfosis interna", el peso de la mochila que no podemos o no queremos soltar, nos impide avanzar y, por consiguiente, los cambios no se darán.

Salirse de la "zona de confort", aprender a pensar diferente, así como el darles un buen uso a las palabras que de tu boca salen, es un buen comienzo.

Si guardas en tu interior pensamientos, sentimientos y emociones negativas; miedos y frustraciones, y/o dejas que prevalezca tu ego, te sentirás atrapado, sentirás que te ahogas, sin poder ver la salida...

Con lo material sucede algo parecido cuando acumulamos por años cosas que no usamos, y nos ocupa un lugar en nuestro hogar que nos asfixia. Eso también refleja nuestro interior y temor a carecer. Si observas a tu alrededor, seguramente te darás cuenta de que muchas cosas son innecesarias. Es importante limpiar, regalar, donar lo que no estés usando. Así dejarás fluir mejor la energía del lugar que es tu templo: tu hogar.

Y de nuevo verás que, al soltar algunas cosas, te sentirás más libre y habrás renovado el ambiente.

Soltar y dejar fluir es un acto que implica práctica y valentía; y como la metamorfosis, es una transformación...de adentro hacia afuera y que viene de la mano con el pensamiento positivo.

La buena noticia es que, SI SE PUEDE, y comienza a suceder cuando aprendemos a cambiar a nuestro favor lo mal aprehendido.

Para eso primero, hay que querer para después aprender a soltar, dejar fluir, dejar ir lo que no es saludable para nosotros.

El primer paso siempre es el más difícil, pero hay que darlo con firmeza, romper todo estereotipo y cadena. Ahí está el verdadero cambio porque le estarás dando batalla a la procrastinación y comenzaras a sentirte mejor contigo mismo. Muchos mencionan la frase "el tiempo todo lo cura y pone todo en su lugar".

 En mi opinión, en todo caso no es el tiempo, sino Dios. Pues, yo creo que, si no trabajas interiormente contigo, el tiempo sólo transcurrirá, y no te sentirás curado, sanado, y simplemente te habrás resignado.

El tiempo así conceptuado y pensado, sólo puede ayudarte si trabajas para "integrar y digerir" lo que te angustia, aflige y/o decepciona y aún no puedes, o no sabes cómo soltar.

Será necesario trabajar el perdonar y perdonarnos. Muchas veces es difícil porque se trata de situaciones con personas de nuestra familia o muy cercanas a uno y en las cuales ponemos grandes expectativas. Y nos decepcionamos.

Según la situación, puede que la culpa pretenda también acompañarte. Pues sólo depende de ti y no estás solo.

Me atrevo a decir que todos tenemos alguna vivencia de la que no podemos soltarnos, aunque quisiéramos, porque somos humanos e imperfectos y estamos aquí para cre-ser.

Le damos largas y vueltas al asunto, nos excusamos una y mil veces hasta que un día nos damos cuenta de que todo lo que veníamos sufriendo, ha sido por falta de fe.

La clave está en aprender a estar atento a las señales que Él pone en nuestro camino para que solucionemos lo que nos sucede.

Así que cuando creas que ya no puedes más, cuando te sientas tan frágil como las mariposas blancas traslúcidas que yo tenía

29

miedo de romper, no te rindas, busca ayuda, no te dejes...tú sabrás cuando. Lo sentirás...

Entonces allí estarás listo/a para dejarlo salir, para desamarrarte y así, soltarte. Podrás trabajar en tu proceso que es muy personal, a tu paso y con sus tiempos.

Quizás duela, porque para soltar necesitamos ser y sentirnos libres, y cuando estamos " a m a r r a d o s "no podemos.

Pero estoy segura de que cuando tomes la decisión dentro tuyo, no te detendrás y comprenderás que puedes lograr lo que quieras o llegar a donde desees.

Creo que la mejor manera es intentar todos los días cambiando hábitos, liberándose de alguna parte, poco a poco...así, mientras "vacías tu mochila", encuentras la salida y el camino.

No olvides que, en ese camino, la fe es la que más cuenta, porque sin ella, no importa cuál sea tu situación límite, no lo lograrás porque no será definitivamente verdadero y recaerás.

La lección de soltar, no se aprende si no tienes fe, pides y también agradeces.

El liberarse es el resultado de un trabajo interno introspectivo, honesto y profundo con uno mismo, primero. Los de afuera para qué, esto es una cuestión contigo, es tu proceso y repito con tus tiempos y sus tiempos.

Así, la respuesta de cuando entregarle la "pesada mochila" a Él, aparecerá sola...

"Vengan a mí todos ustedes que están cansados y agobiados, y yo les daré descanso. Carguen con mi yugo y aprendan de mí, pues yo soy apacible y humilde de corazón, y encontrarán descanso para su alma.
Porque mi yugo es suave y mi carga es liviana"

(Mateo 11:28–30)

"Soltar" implica una gran responsabilidad con tu persona, porque después de "soltar" podrás evaluar lo que tienes por y para "sostener".

¿No se trata de andar por la vida solo "soltando "no?, sino más bien de despojarse de aquellas emociones que no nos permiten fluir y avanzar.

Aprender a manejarlas nos permitirá tener el control de nosotros mismos, generando que nuestras relaciones interpersonales mejores y allí es donde comienza el sostener.

Porque al comenzar a entender y entenderte mejor con los demás, quizás ya no quieras soltar...tal vez te interese reconstruir.

Encontrarás la manera de "sostener" caminos que habías transitado hasta ahora, y posiblemente te des cuenta de que lo que en realidad había que cambiar era la actitud para llegar a la meta, y que tener mejores pensamientos te permite proyectarte diferente y te aproxima a mejores resultados en tu cotidianidad.

A continuación, leerás acerca de dos conceptos que considero poderosas herramientas para el trabajo interno que realizarás contigo; seguramente serán un apoyo e impulso a la hora de tomar decisiones, que surgen cuando nos enfrentamos al cambio.

Se trata de la Resiliencia y de los Miedos.

Iris Elizabeth Cabral

EL PODER DE LA RESILIENCIA

En este capítulo me gustaría hacer mención acerca de la resiliencia.

Por supuesto que podrás encontrar muchas definiciones en internet.

Porque creo que encierran el concepto en lenguaje sencillo, me gustan las siguientes:

"Resiliencia es la capacidad que tienen muchas personas y hasta un grupo de personas de recuperarse frente a alguna adversidad para seguir proyectando el futuro".

"Una persona resiliente es aquella que en el medio de una situación difícil y de estrés convierte su dolor en algo positivo".

¿Y para qué -se preguntarán ustedes-, me tomo un momento para detenerme y escribir acerca de la resiliencia? Pues simplemente porque me parece que es un término que es bueno incluir debido a que involucra el concepto de "tocar fondo" y volver a levantarse.

Me pareció interesante escribir acerca de este concepto para que mis lectores recuerden que, ante cualquier adversidad, tienen la opción de utilizar esta herramienta de transformación en sus vidas, como lo es el ser resiliente.

Por eso a continuación, para motivarte en tu proceso de crecimiento (porque siempre estamos cre-siendo y aprendiendo algo nuevo día a día), he preparado un área interactiva con preguntas que seguramente te ayudarán a vencer emociones que no te permiten tomar acción.

33

Con simples preguntas, podrás encontrar que tan profundo ir hacia tu interior.

Lo bueno es que las respuestas serán confidenciales, muy tuyas porque las completarás a solas, respetando tus tiempos y aunque no te sientas capaz de resolver muchas áreas de tu vida hoy, sé que las preguntas quedarán resonando en ti a esperas de ser respondidas y resolver lo que desees.

Todo es válido cuando se trata de recobrar la confianza en uno mismo.

Las preguntas que utilizo son básicas y se repiten, porque así de simple son las cosas, así de abundante y simple es la vida.

Somos nosotros quienes la complicamos.

Y sucede.

Pero la idea es aplicable a todas las emociones.

Afortunadamente tenemos la posibilidad de restaurarnos, de cambiar y de tomar otras actitudes que nos permiten reflexionar y "vivir liviano".

Es importante que te hagas las preguntas y escribas tus respuestas o reflexiones. Si el espacio que dejo en mi libro no fuera suficiente, puedes complementar la investigación que harás de ti mismo, realizando apuntes en otro cuaderno.

De seguro descubrirás que lo que necesitabas era un poco de motivación, algunas palabras que te alentaran a tomar acción y que te aclararan el qué, cómo, cuándo y para qué. Si partes de la base de estas preguntas, seguramente te sorprenderás a ti mismo con las respuestas y con los resultados que logres en adelante.

Así que, en esta parte del libro, al realizar estos ejercicios me gustaría que no te lo tomaras a la ligera, porque el resultado es pura y exclusivamente para ti.

Mucha gente considera que tiene problemas.

A mí me gusta llamarlo "situaciones a resolver" porque creo en el poder que las palabras tienen.
Decir "problema" suena pesado; uno siente que carga una pesada mochila, que usualmente va a acompañada de algún miedo, ante la incertidumbre de pensar si podrá ser resuelto y la inseguridad de no saber que paso dar.

Mi intención no es restarle importancia a lo que te sucede, pero si intentar mostrarte un camino diferente para llegar a la solución y quizás descubras que estaba frente a ti, esperándote.

No obstante, decir: "tengo una situación a resolver" suena y se siente más liviano.

Así que, si te parece, podemos comenzar a completar el siguiente espacio, aplicable a todas las emociones que tú quieras   trabajar para que logres un mejor control de ti mismo/a.
 Es una manera de regalarte un espacio y un momento; una forma de atenderte más que seguramente levantara tu autoestima.
Aprender a controlar emociones suena fácil, pero en la práctica no lo es, más sé que lo vas a lograr si realmente te lo propones.
En esta oportunidad voy a motivarte a trabajar tus miedos, porque las emociones son muchas y no quiero abordarlas de manera superflua.

Por eso me focalizo en los miedos, pues creo que es la emoción que más nos detiene, nos paraliza y nos lleva a procrastinar, haciéndonos evadir y postergar lo que necesitamos o queremos hacer.
Así que...adelante con ese encuentro contigo mismo/a.

"La cueva a la que te da miedo entrar contiene el tesoro que buscas".

Joseph Campbell

LOS MIEDOS

"¿Qué diremos frente a esto?.¿Si Dios está de nuestra parte,
quién puede estar en contra nuestra? "

Romanos 8:31

De esta emoción nadie se escapa y es una con la que luchamos
de forma constante.
Aunque parezca paradójico, el miedo también tiene su parte
positiva.
Si no lo has pensado o no lo has leído te comento que gracias al
miedo nosotros podemos justamente escapar de una situación
que ponga en riesgo nuestra vida o que simplemente sea
peligrosa.
El miedo nos permite huir.

¿Entonces, para que hablamos de los miedos si tiene una parte
positiva? Pues justamente por eso, porque la huida desde el
otro punto de vista es lo que nos detiene, lo que nos
autosabotea y no nos deja avanzar o lo que es peor, no nos
permite concluir lo que hemos comenzado y nos paralizamos
una y otra vez dejando proyectos inconclusos.
Claro que hablamos de los miedos en situaciones cotidianas,
porque hay otros tipos de miedos que tienen una raíz más
profunda como las fobias y que necesitan ser tratadas de forma
más personalizada con terapia.

En las siguientes páginas te invito a que identifiques esos
miedos, que te detienen a diario en situaciones que tienes que
resolver de forma rápida y práctica.

Escribirlos es una buena manera de identificarlos y aprender a manejarlos hasta que logres superarlos y continuar hacia tus logros.

Date tiempo para pensar y escribir tus respuestas, porque aunque te parezcan insignificantes, no lo son.

Ellas serán las que te acercarán a tus metas y te ayudarán a abandonar "malos hábitos, esos que te han acompañado por tanto tiempo, provocando que todo lo postergues y hasta procrastines.

Con cada una, estarás más cerca de vencer más y más miedos y no solo eso, sino que te darás cuenta cuanto te has detenido por no saber manejarlos.

Pero ahora con esta herramienta, ¿te empoderaras y sabes por qué?, porque estas dialogando contigo, estas mirando hacia ti y debo decir que, al escribir, te estás escuchando.

¿Comenzamos?

¿Cuál o cuáles?

Primero intenta identificar tus miedos.
Tómate tu tiempo para identificarlos.

Podría ayudarte si simplemente escribes: "Mis miedos hoy son:" y comienzas a describirlos.
Esa frase te va a impulsar a tomar acción, pues a veces es lo único que necesitamos.
¡Manos a la obra entonces!

Escríbelos aquí.

Iris Elizabeth Cabral

¿Qué?

Al identificar tus miedos, estás ya preparado para preguntarte:
¿qué harías para vencer ese miedo?

Quizás una buena idea sería conversar con algún amigo/a, sin dar demasiados detalles de lo que buscas podrías decir algo así como "qué opinas tu acerca de...".

Recuerda que desde el momento en que sacas lo que te está oprimiendo empiezas a encontrar soluciones.
Recuerda que es válido decir: "no sé qué hacer".

No te preocupes si esa es tu respuesta, porque cuando termines de hacerte estas preguntas, estoy segura de que alguna solución vas a encontrar.

Escríbelo aquí.

Iris Elizabeth Cabral

¿Cómo?

Esta pregunta tiene mucho peso. Al preguntarte como estas tocando las fibras más sutiles y profundas de tu ser porque esta pregunta te lleva a pensar, a salirte de tu "zona de confort" y el peso que sientas es porque sabes que después que te hagas esta pregunta vas a tener necesidad de tomar acción.

¿Acaso otra vez aparece el miedo, disfrazado de respuesta que no te quieres responder? Es normal. No te detengas, recuerda que tu objetivo es poder más que ellos; sigue adelante.

Auto motívate y vuelve a preguntarte: ¿cómo harías tu para superar los miedos y el miedo que te causa dar este paso? ¿Cómo lo harías?

Escríbelo aquí.

Iris Elizabeth Cabral

¿Para qué?

Esta pregunta tiene muchos matices, pero este ejercicio de preguntas y respuestas tiene carácter de urgente, porque tu necesitas resolver lo que te detiene lo antes posible.
Entonces trata de responderte: ¿para qué seguir sintiendo ese miedo?
¿Para qué continuar cargándolo en tu "mochila"?

Escríbelo aquí.

Iris Elizabeth Cabral

Ahora, si realmente consideras que tuviste la valentía de escribir acerca de tus miedos, estarás preparado para enfrentar otras emociones que te estén incomodando. Nunca olvides el valor del tiempo...

Quizás llegó el momento de que vivas esta, tu vida, en plenitud, sintiendo que los fracasos solo son triunfos aplazados.

Desde hace algunos pocos años, "la maripotina" de mi Tata terminó su ciclo aquí, se liberó y se elevó....

Voló y me dejó sin saber, una enseñanza de la que, en su momento, seguramente él tampoco fue consciente...

Imagino que ha de ser como la que tanto me gustaba: la grandota de peñarol.

¡Gracias Tata, por haber sido parte de mi infancia!

¡Gracias, gracias, gracias!

Iris Elizabeth Cabral

Esta versión interactiva de
"Las Mariposas del Tata Orlando"
se terminó de escribir el día 24 de Setiembre de 2022
en Astoria, Queens
Ciudad de New York.

BEST SELLER
en Amazon.com.mx y Amazon.com

Octubre 10, 2022.

Iris Elizabeth Cabral

1 Nuevo Lanzamiento
Amazon.com en tres categorías.

Las Mariposas del Tata Orlando / The Butterflies of Tata Orlando

Iris Elizabeth Cabral

The Butterflies *Of* Tata Orlando

A Legacy of Releasing and Letting Go
Of Self-Support and Self Improvement

IrisElizabethCabral

Iris Elizabeth Cabral

ISBN: 9798359502962

For my children: Mauro, Victoria and Mathew,

wishing them to always find, with faith,

the light path...

Iris Elizabeth Cabral

Translated to English by:

Victoria Barrios-Cabral
&
Mathew Barrios-Cabral

WELCOME!

This is an interactive book

Iris Elizabeth Cabral

Table of Contents

Iris Elizabeth Cabral

Facebook:
" Las Mariposas del Tata Orlando"

Introduction

Let me tell you that these pages began to be written as a simple story from the bottom of my heart, where memories and love coexist, and where the warmest and most beautiful feeling of a human being can grow.

Word after word emerged without being forced, yet they were "rushed", flowing anxiously, claiming the need for pencil and paper, as if they had been oppressed; or maybe simply saved and protected, ready to be written and read in their perfect time.

So, when I realized what I had embodied in these sheets, I couldn't believe the content! How was it possible that in describing an experience of my childhood, I would have found such a rich, as well as practical legacy? Often a painful one, yes, but giving me the ability to allow myself to be myself and live lightly, without ties or extra baggage.

So, if one day you feel "heavy," I hope you can remember what I share here and put it into practice...it won't be easy! ... I know that.

I hope that this reading, otherwise simple and light, but intense (if you apply it to the ordinary life), will entertain you and help you in your process of being better every day, because to enjoy more of this setting in which we live in, it is necessary to learn to...

RELEASE AND LET GO...

Iris Elizabeth Cabral

Acknowledgments

I'd like to thank you for having this book in your hands today. I hope it enriches your life in some way and opens paths to spirituality and reflection.

To the young Agustina, who passed away, and whose perfume and presence remain in my memory and in my heart.

To her mother María José Cendán Brandi, a human being exceptionally strong and enlightened.

To Juan Manuel, Agustina's brother.

To my children, whom I love with all my heart. For being brave and resilient.

To my "Tata", wherever you are, for the shared moments and laughter.

Thank you, thank you, thank you!!!

ABOUT THE AUTHOR

Iris Elizabeth Cabral was born on September 24, 1968, in Montevideo, Uruguay.

She is a Motivator, Psychologist, Actress, Writer and Author of "The Butterflies of Tata Orlando" and "Feelings: Emotions Hearts to Hearts - Stories and Poems".

For more than 33 years, she has dedicated herself to working with children as a Babysitter and as a Preschool Educator, which has allowed her to make contributions from psychology and be in closer contact with parents and families.

This has enriched her experience as a Writer, rescuing the concerns she has regarding timely and early stimulation, handling tantrums, as well as games and entertainment that favor the skills and abilities children at different stages of development have during childhood.

Committed to Mental Health, she worked in her country simultaneously in Private and Public Kindergartens, CAIF Centers, in AUPPAI (Uruguayan Association of Parents of People with Childhood Autism) and in the Vilardebó Psychiatric Hospital in Montevideo, Uruguay.

She organized workshops for parents, where in addition to promoting the debate of opinions on topics of interest to families, she provided applicable tools for the emotional care and healthy upbringing of children at home; as well as spiritual support, when necessary, with the parents of children with ASD (Autism Spectrum Disorder), helping them to manage the daily stress that implies facing the daily life and the care of their children.

Her work in Uruguay was carried out as a team with Professional Musicians, Social Workers, Preschool Teachers and Educators, Doctors, Psychiatrists, Nurses, and the families involved.

Subsequently, she moved to the United States where she continues to work with children as a Child Care Provider, adolescents, and older adults.

Her capacity for empathy and her positive attitude towards life allows her to be an excellent Motivator during her conferences on Mental Health, Adolescence, Childhood and Family issues.

Aware of the importance of proper use of words, she has worked at 105.5 FM Radio Impacto 2 in New York City, on her program:

"De Corazón a Corazón".

Then, at the beginning of her career as an actress, she plays "Silvia", the main character in the short film "Amor del Negrito", working with a highly professional cast and technical team, produced by NYC Latin Media.

Also, in the role of "The Witch" (medieval production of Odin Graniela).

As a cancer survivor, she enjoys, shows passion, and shares immense gratitude in everything she does...motivating others to cultivate patience and always think positively.

Proud mother of two boys and a girl, she considers herself a happy person who knows how to face life, choosing to achieve everything she sets out to do.

Her greatest virtue: Patience.

Animal lover and self-taught in metaphysics, she lives with her family in New York City.

Contact the Author

iriselizabethcabral24@gmail.com

"Maripotinas"

"Wait for the Ely" - that's how my grandfather, whom I called "Tata", always greeted me.

It was a code between us that he would say every time I went to visit him; other times to approve something good I did.

Typical of the Uruguayan society: talking backwards, using irony and humor together, inventing sayings and creating very personal ways to communicate with each other.
In fact, that "wait for the Ely" was a made-up phrase and he only used it with me.
It was like to saying, "Look at her, here she comes!" or "There she goes and look how well she did it!"
That phrase between us created a unique and intimate bond.

He was a man of medium stature, with not a very robust physique. His hair, brows and moustache were very black and thick.
His eyes were dark brown, from which always emanated an elusive gaze.
He used to walk upright, shoulders slightly forward and his way of walking seemed "heavy".

69

His general appearance was rough, not at all sympathetic and he never looked at anyone directly in their eyes when he spoke or greeted. However, with me it was different...

I don't know why; but you could tell that he actually had a soft side around me. Maybe because when I was a kid, I was funny. I remember a photo of myself back then, where I wore a white skirt, a short-sleeved white shirt with fine blue stripes, seafaring style and white sandals as well.
My long hair was waist length, and in a ponytail, which usually got a lot of attention.

Sometimes I felt embarrassed, because he treated me differently in front of my cousins and sisters.

He always kept eye contact with me, even crouched to my height to talk to me and smiled... Then he'd come back again to invite me to hunt butterflies.

My grandparents lived in the Bella Italia neighborhood, in the city of Montevideo, Uruguay, in a very neat and beautiful house with large land, where my grandmother took care of her chicken coop of three or four chickens, no more.

There was also a shed that I liked to go in and check every corner. Ah! how I liked the smell in there! a mix between moisture and metal. It was the place where my grandfather kept his tools, an old iron bed and several horseshoes that he had found on the street and hung on the wall as trophies.

However, the gallant star was undoubtedly "the Tata bike".

A 26-rolled bike model, with fenders and lantern by dynamo system that worked on friction which were popular back in 1975; they were fashionable and not everyone could have one like that.

My grandfather had attached a wire basket to the front, that he used to run his errands from the warehouse of Don Virgilio that was three blocks away, near Venice and Rafael St.
I remember I wanted to grow fast so I could ride it! Although she was a little battered and her paint peeled, she had the charm of her owner: My Tata!
The front of the house had a beautiful garden, filled with a variety of flowers: roses, a jasmine tree, a garden peach plant, daisies, poppies and snapdragons (which I called "toad flowers") that I squeezed with pleasure and softness to "open their mouths", like certain amphibians.
Towards the right side, there was a driveway that allowed entry all the way to the back.
A wire mesh, which was eventually replaced by a concrete wall, marked the boundary of my grandparent's house with our neighbor, Don Enero, a very helpful gentleman of African descent in his 60's who lived with his daughter, Doña Cándida.

Right there, a cedar tree majestically standing, which scented delicately on spring and summer afternoons and under whose shadow, my grandparents and aunt, sat down to drink "mate" and eat biscuits.
Sometimes my grandmother would ask me if I wanted "a little bit of tea", so "the tata", would cut some leaves and make me one in an orange jug shaped like a beer barrel.
It was so delicious! He used to make it strong... to remember it is to perceive the aroma of those green and fresh leaves emanating from the steam that came out of the jar.

Don Enero was always pleased to see me and always came out to greet me with that kindness typical of him. Then, he would sit in front of his house, in a flimsy wooden chair, painted green and in whose seat, he had put an old cushion.

Then he waited there to watch "the hunt" that was about to begin. At that spot of the front yard, the cedar erected there seemed to conspire with the jasmine tree, leaving together a unique aroma in the environment, and with it, becoming present and witnessing the shared moments in that place.

I think our neighbor found it very relaxing and so he looked for any excuse to sit as close as possible to my grandparent's house.

While Don Enero was in charge of entertaining me and asking me about how I was doing in school (by then I was about 5 years old), my grandfather, in a hurry, went back to the kitchen to look for a transparent bag to store, for a little while, the much desired "maripotinas".

That's what I called them because I couldn't pronounce the word "mariposa". Then it all started…

It was unbelievable!. It looked like the butterflies were waiting for my Tata to show up.

The garden was filling up! There were all sizes and colors; from the small whites to the big ones of "peñarol."

We called them after the color of their wings, comparing them to the colors of the Uruguayan soccer team "Peñarol": yellow and black.

Ah! Those were big, beautiful and majestic to me.

Because of their size, they struggled to take off from the flowers quickly and there, we would take the opportunity to catch them.

When we got one, I rushed to put it in the bag to observe it.

I tried to remember all their features, from their hairy wings to

whether they had accumulated pollen balls on their legs.
The pleasure lasted a few seconds because the rule was "to let go",
 so that they would follow their path of freedom...
Those moments were the best ones for me!!

But the ones that abounded were the monarchs, with their
orange color and the camouflage of the eyes on their wings.

Due to the large number of them, they were not as wanted as
the other ones.
I liked to watch how delicately my grandfather pulled them
from the flowers, grabbing them from the wings very
carefully and then posing them on his index finger.
Wow! It was a connection that I found incredible and fascinating.
At my young age, I believed that my grandfather had "powers"
with which he could let them stay on his finger.

The way he enjoyed catching them turned him into someone
special, for celebrating with laughter while shouting, "Wait for the
Ely!" right when we had one in our hands.

I remember those little white ones were camouflaged in the
jasmine tree; they looked adorable... They were a translucent
white, and that's why I didn't like to touch them. I thought
their wings could break.

As I got older, eight or nine years old, school began to demand
more time from me. There was more homework and more to
study, so I only visited my grandparents every other weekend,
even though we lived three blocks away.

I also remember that the weather was starting to vary for each season, which caused many species of butterflies to stop visiting the garden. In fact, the hardest to see were the "Peñarol."
At the same time, poppy plants began to be banned for their hallucinogenic properties. One day, my grandmother decided to rip them out and the "maripotinas" started to diminish. You would see some just by chance.

Time passed and as an adult, I would visit them with my son Mauro, usually on Sundays.

My grandfather greeted me as always with a "wait for the Ely," and we shared anecdotes from those days of my childhood in front of my son. From Tesino 3369 and from my old neighborhood: "Bella Italia", I have the most beautiful memories of my childhood that I carry as treasures engraved and kept within my being.

Experiences that mark you and at the same time nourish you; that don't let you forget your roots, the value of time and shared moments. They show you that the simplest things are those that go deep and leave you an invaluable legacy of love.

For some reason, I don't have photos of the place in those years, but I do have more recent ones after renovations were made.

In this photo my son was visiting my grandparents.

Behind him the wall that replaced the wired mesh and the front of Don Enero's house (before being renovated too).

Iris Elizabeth Cabral

To the right of the photo where you can see a second gate, is the entrance area of cars, that's exactly where the cedar was. The front of Don Enero's house had already been restored.

*In this other photo of the front of
the house, the two plants that look
like shrubs are the jasmine (left)
and the garden peach (right).*

At that time, who would've thought that I was learning the lesson of "letting go": he'd catch them, set them free and "let them go".

To let go and release, so that we can continue without the weight of the "emotional backpacks", where we keep the unresolved.
When we do not dare to apply "internal metamorphosis", the weight of the backpack that we cannot or do not want to let go of, prevents us from moving forward and therefore, the changes will not occur. Getting out of the "comfort zone", learning to think differently, and understanding the power words have, are good ways to start.
If you keep negative thoughts, feelings, and emotions inside you; fears and frustrations, and/or let your ego prevail, you will feel trapped; you will feel that you are drowning, without being able to see the exit...

Something similar happens with material possessions; when we accumulate things that we have not used in years, we occupy a place in our home that suffocates us.
Clean, give away and donate what you're not using. This will allow the energy of your temple to flow better.
And again, you will see that by letting go of some things, you will feel freer and have renewed the atmosphere.

Releasing and letting go are acts that involve practice and courage; and like metamorphosis, it's a transformation...from the inside out and achieved with positive thinking.
The good news is that YOU CAN!!...and it begins to happen when we learn to change in our favor the evil apprehended. For that you have to learn to let go of what is unhealthy for you and let it flow.

The first step is always the most difficult, but you have to take it, firmly, and break all stereotypes and chains.
The real change is there because you will be fighting against procrastination.
Many speak of the phrase: "Time heals everything and puts everything in place". In any case, it is not time but God.

I think if you don't work with yourself, time will only pass by you won't feel healed and would've only resigned. Learn to observe the solutions He puts in front of you

Time can only help you if you work to "integrate and digest" what distresses, afflicts and/or disappoints you.
It will be necessary to work on forgiving others and ourselves.

At times, it can be difficult because we have to forgive people in our family and anyone else close to us in whom we put great expectations.
Depending on the situation, the guilt may also be intended to accompany you.
Well, let me tell you, it's just up to you and you're not alone.
I daresay that WE ALL have some experience from which we cannot let go, even if we wanted to, because we are human and imperfect and we are here to believe.

So, when you think you can't anymore, when you feel as fragile as the translucent white butterflies that I was afraid to break, don't give up! Seek help!
You'll be ready to let it out, to untie yourself and thus let go.
You will be able to work on your process that is very personal, in your wake and at your time.

Maybe it hurts, because to let go we need to be and feel free, and when we are "tied up", we can't. But I'm sure that when you make the decision inside you, you won't stop, and you will understand that you can achieve whatever you want or get wherever you want.

I think the best way is to try changing habits every day little by little... So, while "emptying your backpack", you'll find the exit and the way.

Do not forget that, on that path, faith is the one that counts the most. No matter what your limit situation is, you will not succeed without faith.

The lesson of letting go is not learned if you don't have faith, ask for and be grateful.

It implies a great responsibility with your person, because after letting go you will be able to evaluate what you have to hold.

It's not about walking through life just "letting go" ...right?

It's about learning to let go of those emotions that do not allow us to flow, to move forward.

Learning to manage them will allow us to have control of ourselves, causing our interpersonal relationships to improve and that is where "sustaining" begins. Because when you begin to understand and understand yourself better with others, you may no longer want to let go; you may be interested in rebuilding.

You will find a way to "sustain" paths that you have traveled until now and possibly you will realize that to continue, you only needed to change your attitude to reach the goal in a healthy way and that having better thoughts allows you to project yourself with another attitude, approaching better results in your daily life

Freeing is the result of introspective, honest and deep internal work with oneself, first. Who cares about the rest, this is a matter with you, with your time, it's your process.

Thus, the answer of when to deliver the "heavy backpack" to Him, will come to you ...

"Come to me, all you who are weary and burdened, and I will give you rest. Take my yoke upon you and learn from me, for I am gentle and humble in heart, and you will find rest for your souls. For my yoke is easy and my burden is light"

(Matthew 11:28–30)

It implies a great responsibility with your person, because after letting go you be able to evaluate what you have to hold.

It's not about walking through life just "letting go" ...right?

It's about learning to let go of those emotions that do not allow us to flow, to move forward.

Learning to manage them will allow us to have the control or ourselves, causing our personal relationships to improve and that is where "sustaining" begins.

Because when you begin to understand and understand yourself better with others, you may no longer want to let go; you may interesting in rebuilding.

You will find a way to "sustain" paths that you have traveled until now and possibly you will realize that to continue, you only needed to change your attitude to reach the goal in a healthy way and that having better thoughts allows you to project yourself with another attitude approaching better results in your daily life

81

Iris Elizabeth Cabral

THE POWER OF RESILIENCE

In this chapter I would like to talk a little about Resilience. Of course, you'll find many definitions on the internet.
Yet I think the following definition encapsulates the concept in simple language:

"Resilience is the ability of an individual and even a group of people to recover from adversity in order to continue projecting the future."
"A resilient person is anyone who, in the midst of a difficult and stressful situation, turn their pain into something positive".

And you may ask yourself, why, in this book do I take a moment to stop and write about resilience?
Well, simply because it seems important to me to name the concept of "hitting bottom" and getting back up when we are struggling with our emotions and feelings in the face of change.
I have prepared an interactive area with questions that will surely help you overcome emotions that do not allow you to take action.
With that said, I invite you to write because when you do you have the possibility of rereading what you have written, reviewing and often adding more ideas, questions and answers that allow you to better visualize what you want to overcome.

Is writing therapeutic? Because it is an encounter with oneself.

In addition, the answers will be confidential, very intimate because you will be able to complete them alone, respecting your time. Although you do not feel capable of solving many areas of your life today. I know that the questions you will ask yourself will resonate with you waiting to be answered; to solve what you

want.
Anything goes when it comes to yourself and regaining your self-confidence.

The questions I use are basic and repeated, because that's how simple things are, that how abundant and simple life really is. We are the ones who complicate it.
And it happens.
Fortunately, we have the possibility to restore ourselves, to change and to take other attitudes that allow us to reflect and "live lightly". This time I am going to motivate you to work only on your fears, because there are many emotions and I do not want to approach them in a superfluous way.
But the idea is applicable to all emotions. Although here I want you to focus on your fears. You can change the name of the emotion you want to work on when you write it on paper.
Remember that what you will do is an investigation of your person, so be transparent and honest with yourself.
But also has fun discovering yourself; surely, you've never written about yourself before, have you?
  It is important that you ask yourself the questions and write your answers or reflections. If the space that I leave in my book is not enough for you , you can complement your research by making notes in another notebook.

If you start from the basis of these questions, you will surely be surprised with the answers and the results you achieve from now on, they will be permanent.

Therefore, do not take it lightly, because the result is purely and exclusively for you.

Many people consider what they have problems. I like to call it "a situation to solve" because I really believe in the power of words.

My intention is not to downplay what happens to you, but rather to show you a different path to reach the solution and perhaps you will discover that it was in front of you, waiting for you.

However, saying "I have a problem to solve" sounds and feels better.

So, if you think we can start completing the following exercise applicable to all the emotions that you want to work on so that you can achieve better control of yourself.

It is way to give yourself a save space; a way to love yourself more that will surely help you raise your self-esteem.

Learning to control emotions sounds easy but in practice it is not. I know that you will achieve it if you really want it, and you propose it.

I hope it will be useful that everything begins to flow in your life and from now on, you only get inner peace, peace of mind and with it, all the prosperity that there is for you, and that you deserve from the day you were born.

Iris Elizabeth Cabral

"The cave you're afraid to enter
contains the treasure you're looking for".

Joseph Campbell

THE FEARS

What then shall we say to these things? If God is for us, who can be against us?
Romans 8:31

No one escapes from this emotion and with which we constantly fight.

Although it seems paradoxical, fear also has its positive side. If you haven't thought about it or haven't read it, I'll tell you that thanks to fear we can precisely escape from a situation that puts our lives at risk or is simply dangerous.

Fears allows us to flee.

So why do we talk about fears if it has that positive part?

Well, precisely for this reason, because fleeing from the other point of view is what stop us, what self -sabotages us and does not let us move froward or, what is worse, does not allow us to finish what we have started and we become paralyzed, leaving unfinished projects.

Of course, I am talking about fears in everyday life situations because there are other types of fears that have a deeper root, such as phobias, and that need to be treated in a more personalized way with therapy.

In the following pages I invite you to identify those fears that stop us in daily living in situations that we must resolve quickly and practically.

Writing them down is a good way to identify them so that you can work on them until you manage to overcome them and continue toward your achievements.

Take your time, think and write your answer, even if they seem insignificant, they are not. They will be the ones that will bring you closer to your goals and help you to abandon "bad habits" those that lead us to procrastinate.

Shall we start?

WHICH?

First try to identify your fears.
Take your time to find them.

It might help if you just write: "My fears today are:" and start describing them.

That phrase will lead you in the right direction.

Write it below.

Iris Elizabeth Cabral

WHAT?

Be identifying your fears, you are ready to ask yourself, even if you don't have the answer: What would you do to overcome that fear? Perhaps an idea would be talk with a friend, but it is important that you answer yourself.

The moment you remove what is oppressing you, you begin to find solutions.

Remember that it is also valid to say I don't know what to do.
Do not worry if that is your answer because when you finish answering these questions, I am sure that you will find a solution.

Now write it down.

Iris Elizabeth Cabral

HOW?

This question carries a lot of weight. By asking yourself "how" you are touching the subtlest and deepest fibers of your being because this question leads you to think about getting out of your comfort zone and the weight you feel is because you know that after you ask yourself this question you will have the need to act.

So, I know that you are making and immense effort.

So, I ask you again: How would you do to overcome the fears and the fears that taking this step causes you?
How would you do it?
How would you manage to face that fear?

Write it down.

Iris Elizabeth Cabral

WHY?

The why also has several points but I'm going to help you to only take one or two, and that will give you the impulse to find an answer as quickly as possible within you.

Then try to answer yourself "Why continue to feel that fear?" Why carry it with you?

Of course, you can add more "Why's" I only gave you some examples.

Express from within you all the "why's" that you have saved...

Iris Elizabeth Cabral

Las Mariposas del Tata Orlando / The Butterflies of Tata Orlando

Maybe it's time for you to live your life in fullness, keeping in mind that failures are only deferred triumphs.

A few years ago, "la Maripotina" of my Tata finished its cycle here, broke free and rose...

He flew and without knowing, left me a teaching of which at the time, surely, he was not aware of either.

I suppose it was like the one I loved so much: The great butterfly of "Peñarol"!

Thank you, Tata for being part of my childhood!

Thank you, thank you, thank you!

Iris Elizabeth Cabral

**This interactive version was finished writing on
September 24, 2022.
Astoria, Queens
New York City.**

BEST SELLER
in Amazon.com.mx y Amazon.com
October 10, 2022.

1 New Release
Amazon.com in 3 categories.